BEI GRIN MACHT SICH IHR WISSEN BEZAHLT

Wissenschaftliches Arbeiten. Konzeption eines qualitativen Interviewleitfadens, Beobachtung und qualitative Fallauswahl

Daline Ostermaier

Bibliografische Information der Deutschen Nationalbibliothek:

Die Deutsche Nationalbibliothek verzeichnet diese Publikation in der Deutschen Nationalbibliografie; detaillierte bibliografische Daten sind im Internet über http://dnb.d-nb.de abrufbar.

ISBN: 9783346377043
Dieses Buch ist auch als E-Book erhältlich.

© GRIN Publishing GmbH
Nymphenburger Straße 86
80636 München

Druck und Bindung: Books on Demand GmbH, Norderstedt Germany
Gedruckt auf säurefreiem Papier aus verantwortungsvollen Quellen

Das vorliegende Werk wurde sorgfältig erarbeitet. Dennoch übernehmen Autoren und Verlag für die Richtigkeit von Angaben, Hinweisen, Links und Ratschlägen sowie eventuelle Druckfehler keine Haftung.

Das Buch bei GRIN: https://www.grin.com/document/1001228

Inhaltsverzeichnis

Tabellenverzeichnis

Anlagenverzeichnis

1. Konstruktion eines Interviewleitfadens

1.1 Einführung

Im Rahmen der ersten Teilaufgabe wird das Konstrukt Orientierungsbedürfnis nach Matthes (2005) operationalisiert, um auf dieser Basis einen vollständigen Interviewleitfaden zu erstellen, der im Rahmen fiktiver Interviews angewendet werden soll. Zunächst werden die Dimensionen des Konstrukts Orientierungsbedürfnis nach Matthes (2005) knapp dargestellt und anschließend der Forschungsrahmen des fiktiven Leitfadeninterviews vorgestellt. Bevor die Auswahl der Fragen für den Leitfaden im Detail begründet und erläutert wird, sollen zunächst grundlegende Aspekte zur Interviewplanung und -durchführung geklärt werden. In den Anlagen befindet sich schließlich der gesamte Interviewleitfaden.

1.1.1 Orientierungsbedürfnis nach Matthes (2005)

Matthes (2005) beschreibt das Konstrukt Orientierungsbedürfnis als das Bedürfnis von Menschen, sich in ihrer Umgebung auszukennen, d. h. der Umgebung bei ihrer Wahrnehmung eine adäquate Struktur zu verleihen. (S. 224) Personen erleben ein Orientierungsbedürfnis, wenn sie mit unbekannten Situationen (z. B. Unkenntnis von Politikern, politischen Themen, etc.) konfrontiert werden. Dieses Bedürfnis wird schließlich mit der Informationssuche befriedigt. (Matthes, 2005, S. 224)

Frühere Messungen des Orientierungsbedürfnisses erfolgten anhand der Konstrukte „Relevanz" und „Unsicherheit". Matthes betrachtet diese Konzepte allerdings als untergeordnet, da sie das Orientierungsbedürfnis nur indirekt erfassen. (2005, S. 224) Er untergliedert das Konstrukt demgegenüber in die drei Subdimensionen Orientierungsbedürfnis nach Themen, Orientierungsbedürfnis nach Fakten und Orientierungsbedürfnis nach Bewertung.

In **Tab. 1** ist das Instrument zur Erfassung des Orientierungsbedürfnisses dargestellt. Jeder der drei Dimensionen sind drei Indikatoren zugewiesen.

Dimensionen	Indikatoren
	Grundsätzliches Informationsbedürfnis über neue Entwicklungen
Orientierungsbedürfnis nach Themen	Subjektive Wichtigkeit, aktuelle Themen regelmäßig zu verfolgen
	Bedürfnis nach täglichen Informationen zu aktuellen Themen
	Information über unterschiedliche Sichtweisen zu diesem Thema
Orientierungsbedürfnis nach Fakten	Wunsch nach ausgiebigen Einzelheiten zum Thema
	Erwartung nach detaillierten Hintergrundinformationen
	Individuelle Relevanz für Kommentare zu diesem Thema
Orientierungsbedürfnis nach Bewertung	Relevanz journalistischer Äußerungen zu diesem Thema
	Ausführliche Darlegung der Meinung von Journalisten

Tab. 1   Operationalisierung des Konstrukts Orientierungsbedürfnis nach Matthes (eigene Darstellung; in Anlehnung an: Matthes, 2005, S. 227)

1.1.2   Forschungsrahmen des Interviews

Auf der Basis der Operationalisierung des Orientierungsbedürfnisses nach Matthes (2005) soll im Folgenden ein Interviewleitfaden konzipiert werden. Dieser Leitfaden soll in einem fiktiven Forschungskontext zum Interview ausgewählter Personen eingesetzt werden. Im Rahmen eines qualitativen Forschungsdesigns sollen Führungskräfte aus Bayern zu den aktuellen Covid-19-Schutzmaßnahmen befragt werden, um das Orientierungsbedürfnis in diesem Kontext zu erforschen. Das Orientierungsbedürfnis soll dabei insbesondere mit der Verantwortung in Zusammenhang gebracht werden, die Führungskräfte als Entscheidungsträger und Vorbildfunktion übernehmen. Die konkrete Fragestellung lautet: „Wie stehen Sie zu den aktuellen Covid-19-Schutzmaßnahmen? Inwieweit fühlen Sie sich ausreichend über die aktuelle Lage informiert, um als Führungskraft Verantwortung zu übernehmen?"

1.2 Vorgehen und Durchführung des Interviews

Das qualitative Interview soll als halbstrukturiertes Leitfadeninterview durchgeführt werden. Der Leitfaden als Interviewinstrument besteht aus einem Katalog offener Fragen, zu denen sich die Befragungspersonen in eigenen Worten äußern sollen. Antwortalternativen sind also nicht vorgesehen. (Lamnek & Krell, 2016, S. 327) Die Fragen und die Reihenfolge der Fragen werden vom Leitfaden vorgegeben, wobei den Interviewern individuelle Anpassungen erlaubt sind. Je nach Interviewsituation kann es z. B. angebracht sein Fragen zu überspringen oder zu vertiefen. (Döring & Bortz, 2016, S. 358) Des Weiteren handelt es sich bei dem vorgesehen Interview um ein Einzelinterview in Form der persönlichen Befragung, also mit Face-to-Face-Kontakt.

Wie bereits in der Fragestellung erwähnt sollen im Rahmen der Erhebung Führungskräfte aus dem Bundesland Bayern befragt werden. An dieser Stelle ist es angebracht zunächst diesen Begriff zu erläutern. Der Ausdruck „Führungskraft" soll in dieser Arbeit als „Person mit Personal- und Sachverantwortung" definiert werden. (Bartscher & Nissen, 2018) Es sollen also Personen interviewt werden, welche in ihrer beruflichen Position Verantwortung über ihre Mitarbeiter haben und als Entscheidungsträger wirken. Relevant ist dabei auch die Funktion als Vorbild im Betrieb bzw. Unternehmen.

Die örtliche Eingrenzung wird durchgeführt, weil die Umsetzung von Auflagen im Rahmen der Corona-Pandemie länderabhängig ist. So kann sich die Situation von Bundesland zu Bundesland unterscheiden. Deshalb soll speziell ein Bundesland (Bayern) beleuchtet werden und innerhalb der gleichen „Ausgangssituation" geforscht werden. Das heißt, die befragten Führungskräfte erfahren grundlegend die gleichen Verfügungen und Verordnungen von Bund und Ländern.

Die Fallauswahl innerhalb der Grundgesamtheit „Führungskräfte in Bayern" soll nach dem Prinzip der maximalen strukturellen Variation stattfinden. Dies soll über eine theoretisch begründete Vorabfestlegung des Samples erfolgen. Ein Stichprobenplan definiert die Heranziehung von empirischen Fällen auf der Basis zuvor festgelegter Merkmalsausprägungen. (Kruse, 2015, S. 248). In diesem Fall sollen die Merkmalskategorien das Alter, das Unternehmen (in welchem der Befragte arbeitet) und die Position (in der Hierarchie innerhalb des Betriebs) sein. Die Vermutung zu der Auswahl der letzteren Merkmalskategorie ist, dass beispielsweise ein Geschäftsleiter, welcher über mehreren Führungskräften steht, ein abweichendes Maß an Verantwortung übernimmt, als eine Führungskraft einer einzelnen Abteilung.

Insgesamt soll die Anzahl der durchzuführenden Interviews nicht mehr als 10 betragen, da die Möglichkeiten im Rahmen einer Studienarbeit sehr begrenzt sind. Bei einer eher geringen Stichprobenanzahl ist allerdings zu beachten, dass nicht jede mögliche Merkmalskombination des Stichprobenplans zu besetzen ist.

Interviews werden üblicherweise in geschlossenen Räumen geführt, wobei der konkrete Ort mit dem Interviewpartner ausgehandelt werden kann. (Mey & Mruck, 2010, S. 429) Das Interview soll an einem weitestgehend neutralen Ort stattfinden, der in keinem Zusammenhang mit dem Arbeitsplatz des Befragten steht. Gleichzeitig ist es allerdings wichtig, eine entspannte und vertraute Gesprächssituation zu erschaffen, um die Natürlichkeit der Erhebungssituation zu gewährleisten. Deshalb sollte die Befragungssituation eine gewisse Alltagsnähe aufweisen. (Lamnek & Krell, 2016, S. 335)   Für die Befragung ist eine großzügig angesetzte Dauer angebracht, da diese durch die alltagsähnliche Offenheit der Fragen erheblich variieren kann. (Lamnek & Krell, 2016, S. 335) Das Gespräch sollte keinesfalls unter Zeitdruck durchgeführt werden müssen. Vorerst wird mit einer Dauer von bis zu 60 Minuten gerechnet.

Das Interview soll bestenfalls von einer Videoaufzeichnung begleitet werden, um neben den gesprochenen Worten auch Gestik und Mimik erfassen und später auswerten zu können. (Lamnek & Krell, 2016, S. 335). Im Rahmen eines Pretestverfahren kann das Befragungssetting und der Fragebogen noch getestet werden und Anpassungen, z. B. bei der Befragungsdauer, vorgenommen werden. (Weichbold, 2019, S. 352–353)

1.3   Erläuterungen zum Interviewleitfaden

Ein Interviewleitfaden enthält für gewöhnlich den Titel bzw. Auftraggeber, einführende Fragen, den eigentlichen Leitfaden gemäß Fragestellung und abschließende Fragen bzw. Hinweise. (Reinhart & Ornau, 2015, S. 19) Im Folgenden soll die Konzeption des vollständigen Interviewleitfadens erläutert werden. Dabei wird die Auswahl der Fragen direkt anhand der zugehörigen Ausschnitte des Leitfadens veranschaulicht.

Inhaltliche Warming-up-Fragen	„Erzählen Sie doch mal, was Sie in Ihrem Beruf tagtäglich machen." „Durch die aktuelle Corona-Situation sind manche Unternehmungen gerade ja nicht möglich. Was machen Sie denn momentan gerne in ihrer Freizeit?"

Tab. 2   Inhaltliche Warming-up-Fragen
(Auszug aus dem Interviewleitfaden)

Zu Beginn der Befragung empfiehlt es sich, mit sog. „Warming-up-Fragen" die Gesprächssituation vorzubereiten. Dabei wird dem Interviewten die Möglichkeit gegeben „sich warm zu reden" und es entsteht eine erste kommunikative Vertrauensbeziehung. (Kruse, 2015, S. 219) In diesem Fall handelt es sich um inhaltliche Warming-up-Fragen, da die Fragen schon in einem inhaltlichen Kontext zum Forschungsthema stehen. Die erste Frage schneidet schon das relevante Thema „Arbeitsplatz" an. Die Antwort kann z. B. Hinweise darauf geben, ob und in welchem Ausmaß die befragte Führungskraft Entscheidungsträger ist. Daraus lässt sich indirekt auch auf die Verantwortung in der Position schließen. Die zweite Frage knüpft an ein weiteres relevantes Thema an. Sie bezieht sich auf die aktuelle Corona-Situation. Indem nach den Freizeitaktivitäten trotz Einschränkungen durch Schutzmaßnahmen gefragt wird, erhält der Interviewende eventuell Einblick darüber, wie die befragte Person Einschränkungen empfindet oder sogar zu Ihnen steht.

Allgemein sind die Fragen meist mit Abtönungspartikeln (z. B. doch, denn, so) versehen, um die Direktheit und Schärfe der Fragen etwas zu reduzieren und „weiche" Formulierungen zu gestalten. (Kruse, 2015, S. 217)

Dimension: Orientierungsbedürfnis nach Themen	
Indikator	Item
Grundsätzliches Informationsbedürfnis über neue Entwicklungen	(1) Sind Sie gerne über das aktuelle Weltgeschehen informiert? Wenn ja, erzählen Sie doch mal, welche Themen besonders interessant oder wichtig für Sie sind. (2) Der Coronavirus ist nun schon eine Zeit lang ein präsentes Thema. Inwieweit haben Sie Interesse an neuen Entwicklungen diesbezüglich?

Tab. 3   Grundsätzliches Informationsbedürfnis über neue Entwicklungen (Auszug aus dem Interviewleitfaden)

Die Fragen zum „Orientierungsbedürfnis nach Themen" sind besonders zu Beginn eher allgemein gehalten und werden im Verlauf präziser. Die Frage (1) ist dabei bewusst so gewählt, dass sie sich auf keinen Themenbereich beschränkt. Es soll erfragt werden, an welchen Themen der Interviewte Interesse hat bzw. über welche Themen er gerne informiert ist. So wird in Erfahrung gebracht, ob gewisse Präferenzen vorliegen und welche Themenbereiche subjektive Relevanz für den Befragten aufweisen. Mit Frage (2) wird das grundsätzliche Informationsbedürfnis auf den Themenkomplex „Corona-Krise" angewendet. Besteht grundsätzliches Interesse nach Informationen/Entwicklungen zu diesem spezifischen Thema?

	(3) Bei welchen Themenbereichen im Rahmen der Corona-Situation ist es Ihnen denn besonders wichtig auf dem Laufenden zu bleiben?
Subjektive Wichtigkeit, aktuelle Themen regelmäßig zu verfolgen	(4) Erklären Sie mir bitte, was Sie dazu bewegt, diese Themen regelmäßig zu verfolgen. Warum ist das relevant für Sie?
	(5) Welchen Einfluss hat ihre Position als Führungskraft auf ihr Bedürfnis regelmäßig zu Covid-19 und angrenzenden Themen informiert zu sein?

Tab. 4   Subjektive Wichtigkeit, aktuelle Themen regelmäßig zu verfolgen
(Auszug aus dem Interviewleitfaden)

Die Fragen zum zweiten Indikator „Subjektive Wichtigkeit, aktuelle Themen regelmäßig zu verfolgen" konzentrieren sich auf den Themenbereich Covid-19 und thematisieren die subjektive Wichtigkeit des Themas für den Befragten. Dabei wird nach den individuell relevanten Themenbereichen der Corona-Situation gefragt. Der Ausdruck „auf dem Laufenden bleiben" bezieht sich dabei auf das regelmäßige Verfolgen der Themen. Im nächsten Schritt wird nach der Motivation gefragt, die den Befragten zur regelmäßigen Informationssuche treibt. Aus welchen Gründen entsteht beim Interviewten die subjektive Wichtigkeit sich zu Covid-19 zu informieren? Spielen z. B. bestimmte Werte eine Rolle? Im Anschluss wird der Einfluss des Arbeitsplatzes untersucht. Welche der Beweggründe aus Frage (4) werden davon beeinflusst, dass der Befragte in einer Führungsposition arbeitet?

	(6) Über welche Wege informieren Sie sich denn tagtäglich am liebsten, wenn Sie sich auf den neusten Stand zu Covid-19 bringen möchten?
Bedürfnis nach täglichen Informationen zu aktuellen Themen	(7) Wie häufig informieren Sie sich für gewöhnlich über die Corona-Themen, die für Sie relevant sind?
	(8) Mit welchen konkreten Themen im Rahmen der Corona-Situation setzen Sie sich täglich aktiv auseinander?

Tab. 5 Bedürfnis nach täglichen Informationen zu aktuellen Themen (Auszug aus dem Interviewleitfaden)

Um das „Bedürfnis nach täglichen Informationen zu aktuellen Themen" zu untersuchen, wurden Fragen ausgewählt, die sich mit der gewohnten Routine der Informationssuche (bezogen auf Covid-19) des Befragten beschäftigen. Zunächst erhält der Interviewer konkret Informationen über die Mittel zum Zweck, die der Interviewte bevorzugt, um sich „auf den neusten Stand zu bringen". Auch nach der Häufigkeit der Informationssuche wird gefragt, um weitere Informationen zur gewohnten Routine zu sammeln. Darauf folgt die Frage nach den konkreten Themen, die im Rahmen dieser Routine aktiv „bearbeitet" werden. Es wird also erforscht, wie der Befragte sich informiert, wie oft er das tut und um welche Themen es sich dabei handelt.

Zusammengefasst erhält der Interviewer im Rahmen der ersten Dimension einen Überblick über allgemeine Präferenzen, Beweggründe und die gewohnte Routine bei der Informationssuche nach aktuellen Themen und Entwicklungen. Darüber hinaus wird ein erster Bezug zur Position als Führungskraft hergestellt, um Einflüsse auf das Orientierungsbedürfnis zu untersuchen.

Dimension: Orientierungsbedürfnis nach Fakten	
Indikator	Item
	(9) Ein viel thematisierter und zum Teil kontrovers diskutierter Aspekt sind die Schutzmaßnahmen. Wie stehen Sie eigentlich zu den aktuellen Regelungen?
Informationen über unterschiedliche Sichtweisen zu diesem Thema	(10) Welche unterschiedlichen Sichtweisen zu diesem Thema werden denn in Ihrem Umfeld diskutiert?
	(11) Wie wichtig ist es Ihnen da das Thema aus verschiedenen Perspektiven zu betrachten?

Tab. 6 Information über unterschiedliche Sichtweisen zu diesem Thema (Auszug aus dem Interviewleitfaden)

Im Gegensatz zu den vorherigen Fragen, sind die Fragen zur zweiten Dimension „Orientierungsbedürfnis nach Fakten" konkreter auf die offizielle Fragestellung des Interviews abgestimmt. Der Indikator „Informationen über unterschiedliche Sichtweisen zu diesem Thema" eignet sich dazu, das Thema „Schutzmaßnahmen" einzuführen, da es ein zum Teil kontrovers diskutierter Aspekt ist. Der Interviewer erhält einen direkten Einblick in die Meinung des Befragten über die Schutzmaßnahmen und erfährt, welche Sichtweisen dem Interviewten über dieses Thema bekannt sind. Darüber hinaus wird thematisiert, ob der Befragte den Sachverhalt von verschiedenen Perspektiven betrachtet.

	(12) Inwiefern werden Sie als Führungskraft über die aktuellen Corona-Regelungen aufgeklärt?
Wunsch nach ausgiebigen Einzelheiten zum Thema	(13) Welche Informationsquellen stehen Ihnen sonst noch zur Verfügung, wenn Sie ausgiebige Informationen zu den Schutzmaßnahmen benötigen?

Tab 7 Wunsch nach ausgiebigen Einzelheiten zum Thema (Auszug aus dem Interviewleitfaden)

Für den Indikator „Wunsch nach ausgiebigen Einzelheiten zum Thema" wurden Fragen ausgewählt, die klären inwieweit der Befragte Zugang zu „ausgiebigen Einzelheiten" hat, um dieses Bedürfnis zu stillen, bzw. welche Informationsquellen zum Thema Schutzmaßnahmen zur Verfügung stehen. Dabei spielt Frage (12) eher auf das Erhalten von Informationen (im Sinne von „Aufklärung") an, während Frage (13) mehr das Informieren aus Eigeninitiative meint. Der Interviewer erfährt also einerseits inwieweit die Führungskraft zu den Schutzmaßnahmen informiert wird und andererseits, inwiefern sie sich darüber selbstständig informieren kann.

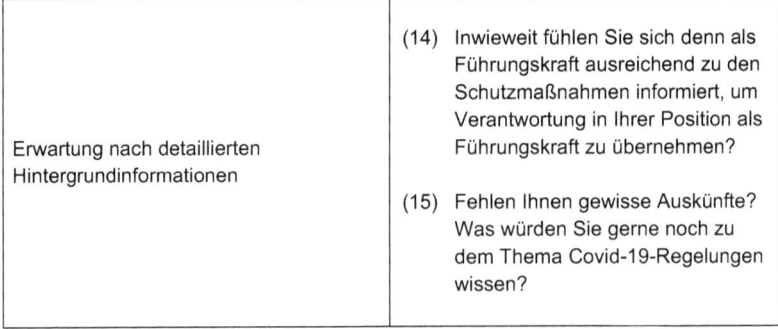

	(14) Inwieweit fühlen Sie sich denn als Führungskraft ausreichend zu den Schutzmaßnahmen informiert, um Verantwortung in Ihrer Position als Führungskraft zu übernehmen?
Erwartung nach detaillierten Hintergrundinformationen	(15) Fehlen Ihnen gewisse Auskünfte? Was würden Sie gerne noch zu dem Thema Covid-19-Regelungen wissen?

Tab. 8 Erwartung nach detaillierten Hintergrundinformationen (Auszug aus dem Interviewleitfaden)

Die Fragen zum Indikator „Erwartung nach detaillierten Hintergrundinformationen" knüpfen an die vorherigen Fragen an und gehen nun mehr auf die subjektive Einschätzung des Befragten ein. An dieser Stelle ist auch die Kernfrage „Inwieweit fühlen Sie sich als Führungskraft ausreichend zu den Schutzmaßnahmen informiert, um Verantwortung in Ihrer Position als Führungskraft zu übernehmen?" eingebaut. Diese Frage sagt viel darüber aus, in welchem Ausmaß die Erwartung nach Informationen zu den Schutzmaßnahmen erfüllt wird. Ergänzend wird nach jenen Informationen bzw. Auskünften gefragt, die dem Interviewten möglicherweise fehlen. Die Antwort auf diese Frage lässt wiederum Rückschlüsse auf die Antwort zu Frage (14) zu.

Zusammengefasst werden im Rahmen der Dimension „Orientierungsbedürfnis nach Fakten" die Kernfrage des Interviews beantwortet. Es wird geklärt, wie der Befragte zu den Schutzmaßnahmen eingestellt ist, in welchem Ausmaß Informationen zu diesem Thema für den Interviewten zur Verfügung stehen und wie er den eigenen Grad an Informiertheit subjektiv einschätzt.

Dimension: Orientierungsbedürfnis nach Bewertungen	
Indikator	Item
Individuelle Relevanz für Kommentare zu diesem Thema	(16) Wie wichtig ist es Ihnen persönlich eine klare Haltung zu den Corona-Regelungen einnehmen zu können? (17) Auf welche Meinungen legen Sie besonders großen Wert, wenn es um die Beurteilung der Schutzmaßnahmen geht?

Tab. 9 Individuelle Relevanz für Kommentare zu diesem Thema
(Auszug aus dem Interviewleitfaden)

Insbesondere Frage (14) legt offen, inwieweit das „Orientierungsbedürfnis nach Fakten" befriedigt wird. Es lässt sich vermuten, dass das „Orientierungsbedürfnis nach Bewertung" besonders ausgeprägt ist, wenn das Thema für den Befragten mit Unsicherheiten verbunden ist. Zunächst wird die „individuelle Relevanz für Kommentare zu diesem Thema" erforscht. Frage (16) beantwortet dies indirekt, indem nach der Wichtigkeit, selbst eine klare Haltung einzunehmen, gefragt wird. Ist sich derjenige unsicher, ist es ihm u. U. besonders wichtig eine eigene Meinung zu bilden. Welche Meinungen sind dem Befragten bei der Beurteilung der Schutzmaßnahmen besonders wichtig? Frage (17) lässt damit Rückschlüsse auf mögliche Einflussfaktoren auf die persönliche Haltung zu.

Relevanz journalistischer Äußerungen zu diesem Thema	(18) Welchen Stellenwert haben Äußerungen zu den Schutzmaßnahmen in den Medien, also z. B. in der Presse oder im Fernsehen, für Sie? (19) Wie glaubwürdig und zuverlässig empfinden Sie journalistische Aussagen zum Thema Covid-19-Regelungen? Inwieweit vertrauen Sie also auf diese?

Tab. 10   Relevanz journalistischer Äußerungen zu diesem Thema (Auszug aus dem Interviewleitfaden)

Die Fragen zum Indikator „Relevanz journalistischer Äußerungen zu diesem Thema" setzen sich damit auseinander, wie wichtig Äußerungen zu den Schutzmaßnahmen in den Medien für den Befragten sind. Dazu hinterfragt Frage (19) speziell das Vertrauen, das die interviewte Person Journalisten entgegenbringt. Damit werden zum Teil die Hintergründe aufgedeckt, die eventuell dazu führen, dass die Medien einen bestimmten Stellenwert für den Befragten haben.

	(20) Erhoffen Sie sich von Journalisten, dass sie deutlicher Position beziehen? Was versprechen Sie sich denn z. B. von ausführlichen Meinungsäußerungen zu den Schutzmaßnahmen?
Ausführliche Darlegung der Meinung von Journalisten	(21) Zum Abschluss eine hypothetische Frage: Wünschen Sie sich manchmal eine Instanz, die Sie offiziell und verbindlich zu Covid-19-Themen aufklärt und auf dessen Meinung Sie blind vertrauen können? Weshalb (nicht)?

Tab. 11 Ausführliche Darlegung der Meinung der Journalisten (Auszug aus dem Interviewleitfaden)

Das Verlangen nach „ausführlicher Darlegung der Meinung von Journalisten" wird mit den letzten zwei Fragen des Interviews erforscht. Frage (20) konzentriert sich vor allem darauf, aus welchem Grund die ausführliche, journalistische Meinungsäußerung für den Befragten von Interesse ist. Was verspricht sich die Person davon? Die abschließende Frage ist eine mehr oder weniger hypothetische Frage und rundet das Interviewgespräch ab. Die Frage spielt nochmals auf die Kernfrage an, ob sich der Befragte ausreichend informiert fühlt. Ist sich der Befragte zu diesem Thema sicher? Konnte er sich auf der Basis von Fakten eine Meinung bilden? Oder sehnt die Person sich stattdessen nach einer „Instanz", die offiziell zu Covid-19-Themen aufklärt und auf dessen Meinung blind vertraut werden kann?

Zusammengefasst vervollständigen die Fragen zur Dimension „Orientierungsbedürfnis nach Bewertung" die Informationen, die für die Beantwortung der Fragestellung von Relevanz sind. Der Interviewer erfährt, welche Meinungen der befragten Person wichtig sind, wie sehr das Streben nach der eigenen Meinungsbildung ausgeprägt ist, wie die Haltung gegenüber journalistischen Äußerungen ist und welche Motivation (z. B. Unsicherheit) hinter der Einstellung zu journalistischen (Meinungs-)Äußerungen verborgen ist.

17

2. Die (qualitative) Beobachtung

In dieser Teilaufgabe soll die (qualitative) Beobachtung als Datenerhebungsmethode behandelt werden. Nach der Begriffsbestimmung wird die Klassifikation der Beobachtungsformen erläutert, um anschließend Beispiele für etablierte qualitative Beobachtungformen vorzustellen. In diesem Zusammenhang soll außerdem an mögliche Einsatzfelder angeknüpft werden. Des Weiteren soll auf die Datenerfassung mithilfe eines Beobachtungsbogens eingegangen werden. Zuletzt wird eine Gegenüberstellung der Vor- und Nachteile einer (qualitativen) Beobachtung durchgeführt, sodass ein abschließendes Fazit formuliert werden kann.

2.1 Definition und Gegenstand der (qualitativen) Beobachtung

Allgemein definiert Döring & Bortz wissenschaftliche Beobachtung als „die zielgerichtete, systematische und regelgeleitete Erfassung, Dokumentation und Interpretation von Merkmalen, Ereignissen oder Verhaltensweisen mithilfe menschlicher Sinnesorgane und/oder technischer Sensoren zum Zeitpunkt ihres Auftretens". (2016, S. 324) Diese selektive Form des Wahrnehmens hat ihren Ursprung zwar in der alltäglichen Beobachtung, doch wird die im Alltag verbreitete Praxis im Rahmen der wissenschaftlichen Beobachtung reflektiert, optimiert und methodisch kontrolliert. (Kochinka, 2010, S. 449)

Die qualitative Beobachtung zeichnet sich dabei durch ein nicht-strukturiertes Vorgehen aus und ermöglicht so eine besonders detailreiche Erfassung und das Entdecken von unerwarteten Aspekten im Verlauf des Forschungsprozesses. (Döring & Bortz, 2016, S. 332) Im Gegensatz dazu wird eine quantitative Beobachtung im Voraus systematisch geplant und nicht erst im Verlauf des Forschungsprozesses. (Thierbach & Petschick, 2019, S. 1165) Für gewöhnlich handelt es sich bei der qualitativen Beobachtung um eine Feldbeobachtung, die in der natürlichen Umwelt der beobachteten Akteure und nicht in Laborsituationen stattfindet. (Döring & Bortz, 2016, S. 332)

Bei sozialwissenschaftlichen Beobachtungen stehen menschliche Verhaltensweisen in sozialen, institutionellen oder (sub-)kulturellen Kontexten im Fokus. Es werden u. a. (soziale) Handlungen, Begebenheiten oder Abläufe im Vollzug beobachtet, aber keine Meinungen, Motivationen oder Erzählungen erhoben, wie es z. B. bei Befragungen der Fall ist. (Thierbach

& Petschick, 2019, S. 1165) Ziel qualitativer Beobachtungen ist die sinnverstehende, detaillierte Rekonstruktion der beobachteten sozialen Interaktionen zwischen Handelnden in ihrer jeweiligen Lebenswelt, auf der Basis der erhobenen Daten. (Döring & Bortz, 2016, S. 333)

Allgemein eignet sich die qualitative Beobachtung damit für alle Wissenschaftsdisziplinen und Forschungsfelder, die sich auf zwischenmenschliche Interaktionen im Feld fokussieren. Mögliche Einsatzfelder in der psychologischen Forschung sind also u. a. die Sozialpsychologie, die Arbeits- und Organisationpsychologie, die Geschlechterforschung oder die Erziehungswissenschaft. (Döring & Bortz, 2016, S. 333)

Die qualitative Beobachtung kann z. B. im Rahmen der Bindungsforschung Abhilfe schaffen, wenn es sich bei den „Datenlieferanten" um Kleinkinder handelt, die noch nicht in der Lage sind Daten verbal zu produzieren. (Mey & Mruck, 2010) Auch bei Untersuchungen zur Interaktion mehrerer Menschen ist der Einsatz qualitativer Beobachtungen sinnvoll, da der Untersuchungsgegenstand so komplex ist, dass andere Methoden dieses Phänomen nur indirekt erfassen können. (Mey & Mruck, 2010) Ist das interessierende Phänomen eher privat oder mit Schamgefühlen besetzt, kann es zu Verzerrungen kommen, sobald die Akteure sich ihrer Rolle als Gegenstand wissenschaftlichen Interesses bewusst werden. Soll also beispielsweise die Drogenszene untersucht werden, ist auch hier die Beobachtung eine sehr relevante Datenerhebungsmethode. (Mey & Mruck, 2010, S. 456–457)

2.2 Klassifikation von Beobachtungsformen

Beobachtungsformen lassen sich anhand sechs verschiedener Klassifikationskriterien unterscheiden: Strukturiertheitsgrad, Gegenstand, Direktheit, Ort und Transparenz der Beobachtung, sowie Ivolviertheitsgrad der Beobachterrolle. (Döring & Bortz, 2016, S. 328-329) Aus einer Kombination verschiedener Dimensionen und deren Ausprägungen ergeben sich viele mögliche Beobachtungsverfahren (Hussy, Schreier & Echterhoff, 2013, S. 241), wobei sich bestimmte Konstellationen etabliert haben, während andere eher weniger sinnvoll sind. (Döring & Bortz, 2016, S. 329) In Tab. 12 werden etablierte qualitative und quantitative Beobachtungsformen und ihre Klassifikation gegenübergestellt:

Wissenschaftliche Beobachtung						
Grad der Strukturierung	Keine oder geringe Strukturierung: Qualitative Beobachtung			Starke Strukturierung: Quantitative Beobachtung		
Gegenstand der Beobachtung	Fremdverhalten	Eigenes Verhalten	Verhaltensspuren	Fremdverhalten	Eigenes Verhalten	Verhaltensspuren
Formen der wissenschaftlichen Beobachtung	– Qualitative Beobachtung mit geringem Komplexitätsgrad – Ethnografische Feldbeobachtung	– Autoethnografie	–	– Quantitative Beobachtung mit geringem Komplexitätsgrad – Strukturierte Verhaltensbeobachtung		– Nonreaktive Beobachtung von Verhaltensspuren

Tab. 12   Qualitative und quantitative Beobachtungsformen und ihre Klassifikation
(entnommen aus: Döring & Bortz, 2016, S. 328)

Im Folgenden sollen die qualitative Beobachtung mit geringem Komplexitätsgrad, die ethnografische Feldbeobachtung und die Autoethnografie beispielhaft vorgestellt und verglichen werden.

Bei einer Qualitativen Beobachtung mit geringen Komplexitätsgrad handelt es sich um eine „teilstrukturierte Beobachtung des Handelns anderer Personen (Fremdbeobachtung), die sich auf vorher festgelegte einzelne Aspekte des Verhaltens konzentriert." (Döring & Bortz, 2016, S. 334) Im Beobachtungsprotokoll werden die Sachverhalte von den Beobachtenden in eigenen Worten beschrieben. Dieses Vorgehen ist sinnvoll, wenn für ein spezifisches Forschungsproblem lediglich einzelne Aspekte des beobachteten Geschehens relevant sind. Im Rahmen einer teilstrukturierten Beobachtung wird der interessierende Teilaspekt in seinen qualitativen Merkmalen beschrieben und nicht nur in seiner Auftretenshäufigkeit oder Intensität bewertet, wie es bei einer vollstrukturierten Beobachtung der Fall ist.

Die ethnografische Feldbeobachtung ist eine nicht-strukturierte Beobachtung, die die sozialen Verhaltensweisen anderer Personen (Fremdbeobachtung) im natürlichen Umfeld untersucht. Im Gegensatz zur qualitativen Beobachtung mit geringem Komplexitätsgrad werden kontextgebundene, komplexe Beobachtungseinheiten beobachtet und von den Beobachtenden in eigenen Worten in Feldnotizen beschrieben. Oft finden ethnografische Feldbeobachtungen als teilnehmende Beobachtungen über teilweise längere Zeitperioden statt, um ein umfassendes Eintauchen in das zu beobachtende Feld zu ermöglichen. (Döring & Bortz, 2016, S. 334)

Unter Autoethnografie versteht man die Selbstbeobachtung und Selbstreflexion der Forschenden im Rahmen einer ethnografischen Feldbeobachtung. Diese

Datenerhebungsmethode wird eingesetzt, um Ereignisse und Verhaltensweisen zu erforschen, die an starke Emotionen gekoppelt sind. Die „Insider-Perspektive" hat den Vorteil, dass mehr Daten gesammelt werden können, da sich die Feldaufenthalte für gewöhnlich über eine lange Zeitperiode erstrecken. Des Weiteren hat der Forschende direkten Zugang zu allen Gedanken, Gefühlen, etc., die bei einer Fremdbeobachtung nicht zugänglich wären. (Döring & Bortz, 2016, S. 341)

2.3 Datenerfassung: Beobachtungsbogen

Die Datenerfassung im Rahmen der quantitativen Beobachtung erfolgt mittels eines Beobachtungsbogens, während bei der qualitativen Beobachtung mit Feldnotizen und Feldprotokollen gearbeitet wird. (Thierbach & Petschick, 2019, S. 1175) Ein Beobachtungsbogen ist einem standardisierten Fragebogen im Rahmen der Befragung gleichzusetzen und enthält ebenso alle zu erfassende Merkmale und ihre Ausprägungen in operationalisierter Form. Die Merkmale und Ausprägungen müssen eindeutig formuliert und leicht visuell zu erfassen sein. Zu berücksichtigen ist, dass nicht zu viele Beobachtungskategorien erstell werden. Sie sollten außerdem sinnvoll angeordnet sein, um eine einfache, schnelle Erfassung zu gewährleisten, ohne den Beobachtenden zu überfordern. Bei Rating- und Identitätsskalen sollte insbesondere darauf geachtet werden, dass die Abstufungen eindeutig und verständlich sind, sodass alle Beobachtenden sie auf gleiche Weise verstehen und anwenden können. (Thierbach & Petschick, 2019, S. 1176-1177)

2.4 Vor- & Nachteile der (qualitativen) Beobachtung

Mithilfe der qualitativen Beobachtung lässt sich unbewusstes, nicht zu verbalisierendes Verhalten (z. B. Mimik und Körperhaltung) oder Praktiken, welche auf implizitem oder verkörperlichtem Wissen beruhen, erfassen. Darüber hinaus können neben sprachlichen Einschränkungen von Seiten der Beobachtenden und Beobachteten überwunden werden. Ebenfalls sensible, normverletzenden oder tabuisierenden Themen (z. B. Ausländerhass) können im Rahmen der Beobachtung erforscht werden. (Kochinka, 2010, S. 1165-1166)

Neben diesen klaren Stärken müssen sich Forschende stets den Schwächen bewusst sein. Im Rahmen der wissenschaftlichen Beobachtung ist, v. a. aufgrund der eingeschränkten Leistungsfähigkeit des Menschen, mit Verzerrungen, sog. Beobachtungsfehlern, zu rechnen. (Döring & Bortz, 2016, S. 330) Dabei wird zwischen Fehlern durch die Beobachtungssituation und Fehlern durch den Beobachtenden unterschieden:

Zu den Fehlern durch die Beobachtungssituation zählt u. a. die Reaktivität der Beobachtungssituation, also die ungewollte Beeinflussung des Verhaltens der beobachteten Person durch die Beobachtungssituation. Auch die Künstlichkeit der Beobachtungssituation kann speziell bei Laborbeobachtungen verfälschen. Zuletzt sind ebenso Fehler bei der praktischen Durchführung von Beobachtungen zu nennen, etwa technische Schwierigkeiten. (Döring & Bortz, 2016, S. 330–331) Fehler von Seiten des Beobachters können sich in Form von Wahrnehmungsfehlern, Interpretations- bzw. Urteilsfehlern, sowie Erinnerungs- und Wiedergabefehlern äußern. (Döring & Bortz, 2016, S. 331–332)

Trotz dieser Probleme sei darauf hingewiesen, dass viele dieser „Fehler" eher als spezifische Charakteristika und Leistungsmerkmale der menschlichen Wahrnehmung begriffen werden können, (Kochinka, 2010, S. 459) die sich mithilfe verschiedener Maßnahmen abschwächen lassen und u. U. sogar zur Interpretation nutzbar machen lassen. (Thierbach & Petschick, S. 1177-1179) Zusammenfassend lässt sich sagen, dass die Beobachtung eine Grundoperation empirischer Wissenschaft und damit unverzichtbar ist. In vielen Bereichen existieren zudem keine Alternativen zur Beobachtung. (Kochinka, 2010, S. 457).

3. Qualitative Fallauswahl

In diesem Kapitel wird die qualitative Fallauswahl behandelt. Zunächst soll die qualitative Fallauswahl definiert und von quantitativen Stichprobenverfahren abgegrenzt werden. Da sehr viele verschiedene Verfahren und Bezeichnungen der qualitativen Fallauswahl existieren, soll daraufhin auf mögliche Unterscheidungsmerkmale eingegangen werden, die zur Systematisierung herangezogen werden können. Im Anschluss werden einige gängige Auswahlverfahren und deren Anwendungsfelder beispielhaft vorgestellt. Zuletzt soll außerdem knapp auf mögliche Rekrutierungstrategien eingegangen werden.

3.1 Definition und Abgrenzung zu quantitativen Stichprobenverfah-ren

Das übergeordnete Anliegen der qualitativen Fallauswahl ist nicht die Erforschung sozialer Phänomene hinsichtlich ihrer Verteilungsstrukturen und statistischen Kausalzusammenhänge, wie es bei quantitativen Stichprobenverfahren der Fall ist. Im Vordergrund steht die umfassende Beschreibung und Erklärung sozialer Phänomene in Bezug auf die qualitative Struktur ihrer Sinnhaftigkeit und ihrer sozialen Entstehungsprozesse. (Kruse, 2020a, S. 1461) Die qualitative Fallauswahl strebt demnach nicht die statistische Repräsentativität, sondern die qualitative Repräsentation auf Subjektebene oder auf der Ebene sozialer Sinnstrukturen an. (Kruse, 2015, S. 241) Aufgrund dieser unterschiedlichen Erkenntnisziele ziehen die qualitative und quantitative Fallauswahl verschiedene Sampleverfahren heran. Während sich die quantitative Fallauswahl probalistischer Verfahren (Zufallsstichproben) bedient, werden bei der qualitativen Fallauswahl Verfahren der bewussten bzw. absichtsvollen Stichprobenziehung herangezogen. Dort steht die Auswahl informationshaltiger Fälle im Fokus, sodass der Erkenntnisgewinn in Bezug auf die Fragestellung möglichst hoch ist. (Schreier, 2020, S. 23-24) Im Gegensatz zu quantitativen Studien sind größere Stichprobenumfänge in der qualitativen Forschung aus forschungsökonomischen nicht umsetzbar. Dies liegt an daran, dass „[...] die differenzierte interpretative Rekonstruktion der einzelnen Fälle im Kontext ihrer Lebenswelt angestrebt wird und damit ein hoher Arbeitsaufwand einhergeht." (Döring & Bortz, 2016, S. 302)

3.2 Systematisierung qualitativen Sampleverfahren

Qualitative Sampleverfahren lassen sich anhand verschiedener Gesichtspunkte differenzieren. Bezogen auf die Vorgehensweise werden z. B. flexible und fixe Arten der Fallauswahl unterschieden. (Schreier, 2020, S.) Bei flexiblen Arten der Fallauswahl, sog. Bottom-up-Verfahren, werden die Kriterien zur Zusammensetzung der Stichprobe erst während des Untersuchungsverlaufs erarbeitet. Demgegenüber zeichnen sich fixe Formen der Fallauswahl bzw. Top-Down-Verfahren dadurch aus, dass die Kriterien der Stichprobe vor dem Untersuchungsbeginn (Hussy, Schreier, Echterhoff, 2013, S. 194), auf Basis des Vorwissens über den Forschungsgegenstand festgelegt werden. Zu den Bottom-Up-Verfahren zählt beispielsweise die theoretische Vorabfestlegung (theoretical sampling). Zu den Top-Down-Verfahren zählt die Fallauswahl gemäß eines qualitativen Stichprobenplans sowie die Auswahl bestimmter Arten von Fällen (typische, extreme, intensive, kritische, usw. Fälle). (Schreier, 2020, S. 28)

Unter dem Aspekt der Zusammensetzung lässt sich zwischen homogenen und heterogenen Stichproben unterscheiden. (Schreier, 2020, S. 29) Dies beruht auf dem Prinzip der Kontrastierung, also der min. bzw. max. strukturellen Variation der qualitativen Fallauswahl, um der Heterogenität des Untersuchungsfeldes gerecht zu werden. (Kruse, 2020a, S. 1461) Homogene Stichproben setzen sich aus gleichartigen Fällen zusammen und eignen sich insbesondere dafür, ein bestimmtes Phänomen im Detail zu explorieren und zu beschreiben. Im Gegenteil dazu bestehen heterogene Stichproben aus unterschiedlichen Fällen und werden vor allem zur Erstellung von Theorien und Beschreibung der Variabilität eines Phänomens angestrebt. (Schreier, 2020, S. 29)

3.3 Beispiele qualitativer Auswahlverfahren

Das erste Sampleverfahren, dass an dieser Stelle erläutert werden soll ist die theoretisch begründete Vorabfestlegung mithilfe eines qualitativen Stichprobenplans. Die Fallauswahl soll am Informationsgehalt der Fälle ausgerichtet sein und das Sample sollte möglichst alle Merkmale und Merkmalskombinationen beinhalten, die für die Forschungsfrage relevant sind. Im Rahmen dieses Verfahrens wird stark auf das Prinzip der maximalen Kontrastierung zurückgegriffen, da die Fallauswahl auf der Grundlage eines qualitativen Stichprobenplans auf

Heterogenität der Stichprobe ausgerichtet ist. Bei diesem Sampleverfahren handelt es sich um eine Fallauswahl mit schon vorher festgelegten Kriterien. (Schreier, 2020, S. 30)

Die Erstellung des Stichprobenplans erfolgt in folgenden Schritten: Zunächst wird bestimmt, welche Faktoren voraussichtlich mit dem Phänomen, das untersucht werden soll, in Zusammenhang stehen. (Schreier, 2020, S. 31) Dabei orientiert sich der Stichprobenplan meist an soziodemografischen Kriterien (z. B. Alter, Geschlecht, Beruf, etc.), wobei für gewöhnlich drei Merkmale berücksichtigt werden. (Döring & Bortz, 2016, S. 303) In einem nächsten Schritt werden nun Ausprägungen, der zuvor festgelegten Kriterien, ausgewählt, die später in der Stichprobe berücksichtigt werden sollen. (Schreier, 2020, S. 31) Aus den Merkmalen und deren Ausprägungen ergibt sich schließlich eine Kreuztabelle mit vielen Zellen. Pro Zelle werden meist ein bis drei Fälle untersucht. (Döring & Bortz, 2016, S. 303) Durch diese Vorgehensweise wird eine Spanne von stark unterschiedlichen Feldtypen aufgebaut (Kruse, 2015, S. 248-249), wobei der Gesamtstichprobenumfang mit den vorhandenen Ressourcen (z. B. Geld, Zeit, etc.) übereinstimmen sollte. (Döring & Bortz, 2016, S. 304)

Qualitative Stichprobenpläne sind insbesondere dann geeignet, wenn über den Forschungsgegenstand von Vornherein genügend Erkenntnisse vorliegen, um die relevanten Merkmale identifizieren zu können (Schreier, 2020, S. 31) und kann helfen, wenn die Heterogenität des Untersuchungsfeldes abgebildet werden soll. (Kelle & Klugge, 1999; zitiert nach Kruse, 2015, S. 249)

Ein weiteres Sampleverfahren ist das „Theoretical Sampling", das ursprünglich aus der Grounded-Theory-Methologie stammt. Dieser Forschungsstil wurde in den 1960er Jahren von Glaser und Strauss entwickelt (Strübing, 2019, S. 525) und basiert u. a. auf der Annahme, dass Datengewinnung, Datenanalyse und Theoriebildung parallele Arbeitsschritte des Forschenden sind und sich gegenseitig produktiv beeinflussen. (Strübing, 2019, S. 531)

Im Gegensatz zum Stichprobenplan erfolgt die Begründung einer Fallauswahl im Rahmen des theoretical samplings erst im Verlauf der Feldforschungsphase (Kruse, 2015, S. 249). Die grundlegende Idee ist, „in Abhängigkeit von den ersten Auswertungsbefunden sukzessive weiter Fälle auszuwählen, um über Phänomene, die sich bis dahin als relevant erwiesen haben, mehr erfahren zu können." (Liebeskind, 2012, S. 337-338) Es wird also lediglich der erste Fall im Vornherein festgelegt, um einen Zugang zum Feld zu erlangen. Auf der Basis des aktuellen Erkenntnisstands wird sich schließlich Fall für Fall durch das Untersuchungsfeld bewegt. Die Auswahl neuer Fälle geschieht dabei stets vor dem Hintergrund der je letzten Datenanalyse. (Mey & Mruck, 2020, S. 522) Bei der Fallauswahlentscheidung kommen die Prinzipien der maximalen und minimalen Kontrastierung zum Einsatz. Damit kann einerseits die Heterogenität des Untersuchungsfeldes dargestellt werden und andererseits können Erkenntnisse noch weiter präzisiert werden bzw. Binnendifferenzen ausgeweitet werden. (Dimbath, Ernst-Heidenreich, Roche, 2018, Kap. 2.2, Abs. 2)

Der Prozess des Theoretical Samplings wird solange fortgeführt, bis weitere Fälle keinen zusätzlichen Erkenntnisnutzen mehr bringen und die theoretische Sättigung erreicht wird. Da bis zur theoretischen Sättigung z. T. eine sehr große Fallzahl benötigt wird, ist es in der Praxis oft aus forschungsökonimische Gründen nötig, den Prozess schon vorzeitig abzubrechen, obwohl die theoriebildende Aussagekraft dadurch deutlich reduziert ist. (Döring & Bortz, 2016, S. 302)

Theoretical Sampling eignet sich insbesondere dann, wenn zu Beginn der Datenerhebung wenig Vorwissen zur Verfügung steht. (Kelle & Klugge, 1999; zitiert nach Kruse, 2015, S. 249) Im Gegensatz zu der theoretischen Vorabfestlegung mithilfe eines Stichprobenplans geht es beim Theoretical Sampling weniger um Hypothesenprüfung, sondern mehr um Hypothesenentwicklung. (Meyer & Reutterer, 2009, S. 241)

Während die Stichprobenziehung auf der Basis eines Stichprobenplans und das Theoretical Sampling eine bewusst heterogene Stichprobenstruktur anstreben, existieren weitere Verfahren der qualitativen Fallauswahl, die sich auf eine sehr spezielle Zielgruppe beziehen. (Döring & Bortz, 2016, S. 304) Diese Verfahren gehen einer „gezielten Auswahl bestimmter Arten von Fällen" nach. Dieser Begriff umfasst u. a. folgende Arten von Fällen:

Typischer Fall:	Das interessierende Phänomen weist eine Ausprägung auf, die auch für weitere Fälle in der Grundgesamtheit charakteristisch ist.
Extremer Fall:	Das interessierende Phänomen ist besonders schwach bzw. stark ausgeprägt.
Intensiver Fall:	Das interessierende Phänomen ist stark (aber nicht extrem) ausgeprägt.
Abweichender Fall:	Das interessierende Phänomen weist eine ungewöhnliche Ausprägung auf.
Kritischer Fall:	Ein, in Abhängigkeit zur Fragestellung, besonders einschlägiger Fall.

Tab. 13 Beispiele für bestimmte Fallarten

(Eigene Darstellung; in Anlehnung an: Hussy, Schreier & Echterhoff, 2013, S. 197-198)

Die Bestimmung der Fallart ergibt sich dabei aus der Relation zwischen Fall und Grundgesamtheit. (Hussy, Schreier & Echterhoff, 2013, S. 197-198)

Ein typisches Anwendungsfeld dieser Arten der Fallauswahl ist die klinische Psychologie, bzw. Psychotherapie. Die Auswahl von typischen, extremen oder abweichenden Fällen wird z. B. häufig im Rahmen einer Einzelfallstudie angewandt. (Schreier, 2020, S. 32)

3.4 Beispiele qualitativer Rekrutierungsverfahren

„In der qualitativen Forschung sind Auswahl- und Rekrutierungsverfahren von Stichproben eng miteinander verknüpft" (Döring, 2020, S. 1712). Im Folgenden sollen daher mögliche Rekrutierungsverfahren knapp vorgestellt werden.

Im Rahmen einer Befragung kann beispielsweise das Schneeballsystem angewendet werden, um an besonders relevante Personen zu gelangen. Die Befragten werden jeweils gebeten, weitere Personen anzusprechen, die für die Untersuchung in Frage kommen und die wiederum weitere Personen ansprechen können. Durch diese „Kettenreaktion" sollen die geeigneten Personen zur Sampleüberlegung gefunden werden. (Kruse, 2020b, S. 1463) Gatekeepern bzw.

Gatekeeperinnen fungieren als eine Art Türsteher und werden beauftragt passende Interviewpersonen auszuwählen, zu benennen und anzusprechen. Diese Methode ist insbesondere dann geeignet, wenn in einem vertrauensvollen Feld geforscht wird oder Interviewpersonen aus bestimmten Institutionen oder Organisationen befragt werden sollen. Ähnlich funktioniert der Einsatz von sogenannten Multiplikatoren bzw. Multiplikatorinnen, welche im untersuchten Feld einen Vertrauensstatus genießen und so z. B. in der Position sind, weitere potenzielle Interviewpersonen zu einer Teilnahme an der Studie zu überzeugen. (Kruse, 2015, S. 251)

Neben den bisher genannten eher indirekten Zugängen zu Interviewpersonen, gibt es auch die Möglichkeit direkte Recherchestrategien anzuwenden. Interviewpersonen können z. B. über Telefonbücher, über das Internet, über Anzeigen in Zeitschriften oder über „pickup" (direktes Ansprechen vor Ort) rekrutiert werden. (Kruse, 2015, S. 253) Allgemein ist es ratsam, gestufte bzw. kombinierte Verfahren anzuwenden, sodass verschiedene Verzerrungen der einzelnen Rekrutierungsstrategien z. T. ausgeglichen werden können. Des Weiteren ist so ein Vordringen in unterschiedliche Zielgruppen möglich. (Kruse, 2020b, S. 1463)

Anlagen

Anl. 1   Interviewleitfaden

Interviewleitfaden

1. Begrüßung und Einleitung

„Schönen guten Tag. ich hoffe Sie hatten eine angenehme Anreise. Zuallererst möchte ich mich bei Ihnen recht herzlich für ihre Zeit bedanken.

Bevor wir mit dem eigentlichen Interview beginnen, möchte ich mich und mein Anliegen noch einmal kurz vorstellen und Ihnen erklären, welches Ziel die Befragung verfolgt. Mein Name ist Daline Ostermaier und ich absolviere derzeit ein Psychologie-Studium an der SRH Fernhochschule. Im Rahmen meiner Studienarbeit geht es grundlegend um das Orientierungsbedürfnis von Führungskräften im Rahmen der aktuellen Covid-19-Situation. Das heißt ich erforsche, ob, wie und in welchem Ausmaß Sie sich als Führungskraft über Themen informieren, die im Zusammenhang mit der Corona-Pandemie stehen. Der Fokus der Befragung liegt dabei auf den aktuellen Schutzmaßnahmen, wobei mich insbesondere interessiert, inwiefern Sie sich ausreichend informiert fühlen.

Im Verlauf des Interviews werde ich ihnen eine Reihe verschiedener offener Fragen zu diesem Thema stellen. Ich bitte Sie mir alles zu erzählen, was Ihnen zu den Fragen wichtig und relevant erscheint. Ich werde Sie bei Ihren Ausführungen nicht unterbrechen, lassen Sie sich also ruhig Zeit, die Fragen zu beantworten. Selbstverständlich erfolgt keine Wertung Ihrer gegebenen Antworten und Sie bleiben stets anonym. Daher können Sie völlig frei und offen sprechen. Insgesamt wird die Befragung in etwa 45-60 Minuten dauern, es besteht also kein Zeitdruck.

Wenn Sie damit einverstanden sind, würde ich gerne eine Videoaufnahme von dem Interview machen und diese im Anschluss zur Auswertung verwenden. So muss ich das Gesagte nicht nebenbei notieren und kann mich voll und ganz auf unser Gespräch konzentrieren. Ihre Daten werden absolut vertraulich und anonymisiert behandelt. Ich bitte Sie daher meine Einverständniserklärung zu diesem Zweck zu unterzeichnen."

2. Formaler Teil

Name:	
Ort, Datum:	
Beginn:	
Ende:	
Alter:	
Unternehmen:	
Position im Betrieb:	

3. Spezieller Teil

Inhaltliche Warming-up-Fragen	„Erzählen Sie doch mal, was Sie in Ihrem Beruf tagtäglich machen." „Durch die aktuelle Corona-Situation sind manche Unternehmungen gerade ja nicht möglich. Was machen Sie denn momentan gerne in ihrer Freizeit?"

Dimension: Orientierungsbedürfnis nach Themen	
Indikator	Item
Grundsätzliches Informationsbedürfnis über neue Entwicklungen	Sind Sie gerne über das aktuelle Weltgeschehen informiert? Wenn ja, erzählen Sie doch mal, welche Themen besonders interessant oder wichtig für Sie sind. Der Coronavirus ist nun schon eine Zeit lang ein präsentes Thema. Inwieweit haben Sie Interesse an neuen Entwicklungen diesbezüglich?
Subjektive Wichtigkeit, aktuelle Themen regelmäßig zu verfolgen	Bei welchen Themenbereichen im Rahmen der Corona-Situation ist es Ihnen denn besonders wichtig auf dem Laufenden zu bleiben? Erklären Sie mir bitte, was Sie dazu bewegt, diese Themen regelmäßig zu verfolgen. Warum ist das relevant für Sie? Welchen Einfluss hat ihre Position als Führungskraft auf ihr Bedürfnis regelmäßig zu Covid-19 und angrenzenden Themen informiert zu sein?
Bedürfnis nach täglichen Informationen zu aktuellen Themen	Über welche Wege informieren Sie sich denn persönlich am liebsten, wenn Sie sich auf den neusten Stand zu Covid-19 bringen möchten? Wie häufig informieren Sie sich für gewöhnlich über die Corona-Themen, die für Sie relevant sind? Mit welchen konkreten Themen im Rahmen der Corona-Situation setzen Sie sich täglich aktiv auseinander?

Dimension: Orientierungsbedürfnis nach Fakten	
Indikator	**Item**
Information über unterschiedliche Sichtweisen zu diesem Thema	Ein viel thematisierter und zum Teil kontrovers diskutierter Aspekt sind die Schutzmaßnahmen. Wie stehen Sie eigentlich zu den aktuellen Regelungen? Welche unterschiedlichen Sichtweisen zu diesem Thema werden denn in Ihrem Umfeld diskutiert? Wie wichtig ist es Ihnen da das Thema aus verschiedenen Perspektiven zu betrachten?
Wunsch nach ausgiebigen Einzelheiten zum Thema	Inwiefern werden Sie als Führungskraft über die aktuellen Corona-Regelungen aufgeklärt? Welche Informationsquellen stehen Ihnen sonst noch zur Verfügung, wenn Sie ausgiebige Informationen zu den Schutzmaßnahmen benötigen?
Erwartung nach detaillierten Hintergrundinformationen	Inwieweit fühlen Sie sich denn als Führungskraft ausreichend zu den Schutzmaßnahmen informiert, um Verantwortung in Ihrer Position zu übernehmen? Fehlen Ihnen gewisse Auskünfte? Was würden Sie gerne noch zu dem Thema Covid-19-Regelungen wissen?

Dimension: Orientierungsbedürfnis nach Bewertungen	
Indikator	Item
Individuelle Relevanz für Kommentare zu diesem Thema	Wie wichtig ist es Ihnen eine klare Haltung zu den Corona-Regelungen einnehmen zu können? Auf welche Meinungen legen Sie besonders großen Wert, wenn es um die Beurteilung der Schutzmaßnahmen geht?
Relevanz journalistischer Äußerungen zu diesem Thema	Welchen Stellenwert haben Äußerungen zu den Schutzmaßnahmen in den Medien, also z. B. in der Presse oder im Fernsehen für Sie? Wie glaubwürdig und zuverlässig empfinden Sie journalistische Aussagen zum Thema Covid-19-Regelungen? Inwieweit vertraue Sie also auf diese?
Ausführliche Darlegung der Meinung von Journalisten	Erhoffen Sie sich von Journalisten, dass sie deutlicher Position beziehen? Was versprechen Sie sich denn z. B. von ausführlichen Meinungsäußerungen zu den Schutzmaßnahmen? Zum Abschluss eine hypothetische Frage: Wünschen Sie sich manchmal eine Instanz, die Sie offiziell und verbindlich zu Covid-19-Themen aufklärt und auf dessen Meinung Sie blind vertrauen können? Weshalb (nicht)?

4. Schluss

Von meiner Seite sind wir nun am Ende des Interviews angelangt. Gibt es ihrerseits noch Unklarheiten? Möchten Sie zusätzlich noch etwas anmerken?

Ich bedanke mich vielmals für Ihre Teilnahme an der Befragung!

5. Einverständniserklärung

Ich (Name, Vorname), erkläre mich damit einverstanden, dass das am (Datum) durchgeführte Gespräch, zwischen mir und Frau Ostermaier, zu angegebenen Forschungszwecken auf Video aufgenommen und anschließend niedergeschrieben werden darf.

Ferner erkläre ich mich damit einverstanden, dass das aufgezeichnete Interviewgespräch mit Beschränkungen auf kleine Ausschnitte für Publikationszwecke in der Studienarbeit verwendet werden darf. Ich wurde darüber aufgeklärt, dass alle persönlichen Daten, die Rückschlüsse auf meine Person zulassen, gelöscht und anonymisiert werden.

Ort, Datum   Unterschrift

34

Literaturverzeichnis

Bartscher, T. & Nissen, R. (2018). Definition: Führungskräfte. In Springer Gabler Verlag (Hrsg.). *Wirtschaftslexikon Gabler*. Wiesbaden: Springer Fachmedien. Verfügbar unter: https://wirtschaftslexikon.gabler.de/definition/fuehrungskraefte-34088

Döring, N. & Bortz, J. (2016). *Forschungsmethoden und Evaluation in den Sozial- und Humanwissenschaften*. Berlin, Heidelberg: Springer Berlin Heidelberg. https://doi.org/10.1007/978-3-642-41089-5

Döring, N. (2020), Stichprobe. In: M. A. Wirtz (Hrsg.), *Lexikon der Psychologie* (19. Aufl., S. 1461). Bern: Hogrefe Verlag.

Dimbath, O., Ernst-Heidenreich, M. & Roche, M. (2018). Praxis und Theorie des Theoretical Sampling: Methologische Überlegungen zum Verfahren einer verlaufsorientierten Fallauswahl. *Forum Qualitative Sozialforschung*, 19(3), 1-26, https://doi.org/10.17169/fqs-19.3.2810

Hussy, W., Schreier, M. & Echterhoff, G. (2013). *Forschungsmethoden in Psychologie und Sozialwissenschaften für Bachelor* (2. Aufl.). Berlin Heidelberg: Springer-Verlag. https://doi.org/10.1007/978-3-642-34362-9

Kochinka, A. (2010). Beobachtung. In G. Mey & K. Mruck (Hrsg), *Handbuch qualitative Forschung in der Psychologie* (1. Aufl., S. 449-475). Wiesbaden: Springer Fachmedien Wiesbaden. https://doi.org/10.1007/978-3-531-92052-8

Kruse, J. (2015). *Qualitative Interviewforschung* (2. Aufl.). Weinheim & Basel: Beltz Juventa.

Kruse, J. (2020a). Qualitative Fallauswahl. In: M. A. Wirtz (Hrsg.), *Lexikon der Psychologie* (19. Aufl., S. 1461). Bern: Hogrefe Verlag.

Kruse, J. (2020b). Qualitative Rekrutierungsverfahren. In: M. A. Wirtz (Hrsg.), *Lexikon der Psychologie* (19. Aufl., S. 1463). Bern: Hogrefe Verlag.

Lamnek, S. & Krell, C. (2016). *Qualitative Sozialforschung* (6. Aufl.). Weinheim: Beltz.

Liebeskind, U. (2012). Komparative Verfahren der Grounded Theory. In K. Schittenhelm (Hrsg.), *Qualitative Bildungs- und Arbeitsmarktforschung* (1. Aufl., S. 325-358). Wiesbaden: Springer Fachmedien Wiesbaden. https://doi.org/10.1007/978-3-531-94119-6

Matthes, J (2005). The need for orientation towards news media: revising and validating a classic concept. *International Journal of Public Opinion Research,* 18(4), 422-444. Entnommen aus: P. Rössler (2011). *Skalenhandbuch der Kommunikationswissenschaften* (S. 224-227). Wiesbaden: Springer Fachmedien.

Mey, G. & Mruck, K. (2010). Interviews. In G. Mey & K. Mruck (Hrsg.), *Handbuch qualitative Forschung in der Psychologie* (1. Aufl., S. 423-435). Wiesbaden: VS Verlag für Sozialwissenschaften. https://doi.org/10.1007/978-3-531-92052-8

Meyer, M. & Reutterer, T. (2009). Sampling-Methoden in der Marktforschung. In R. Buber & H. H. Holzmüller (Hrsg.), *Qualitative Marktforschung* (2. Aufl., S. 229-246). Wiesbaden: Gabler Verlag. https://doi.org/10.1007/978-3-8349-9441-7

Reinhardt, R. & Ornau, F. (2015). *Interviewtechnik. Studienbrief der SRH Fernhochschule* (2. Aufl.). Riedlingen: SRH Fernhochschule.

Schreier, M. (2020), Fallauswahl. In G. Mey & K. Mruck (Hrsg.), *Handbuch Qualitative Forschung in der Psychologie. Band 2: Designs und Verfahren* (2. Aufl. S. 19-39). Wiesbaden: Springer Fachmedien Wiesbaden. https://doi.org/10.1007/978-3-658-26887-9_19

Strübing, J. (2019). Grounded Theory und Theoretical Sampling. In N. Baur & J. Blasius (Hrsg.), *Handbuch Methoden der empirischen Sozialforschung* (2. Aufl., S. 525-544). Wiesbaden: Springer Fachmedien Wiesbaden. https://doi.org/10.1007/978-3-658-21308-4

Thierbach, C. & Petschick, G. (2019). Beobachtung. In N. Baur & J. Blasius (Hrsg.), *Handbuch Methoden der empirischen Sozialforschung* (2. Aufl., S. 1165-1181). Wiesbaden: Springer Fachmedien Wiesbaden. https://doi.org/10.1007/978-3-658-21308-4

Weichbold, M. (2019). Pretest. In N. Baur & J. Blasius (Hrsg.), *Handbuch der empirischen Sozialforschung* (2. Aufl., S. 349-355). Wiesbaden: Springer Fachmedien Wiesbaden. https://doi.org/10.1007/978-3-658-21308-4